T0045772

A

De

Fecha

TODAS LAS CRIATURAS DE NUESTRO DIOS Y REY

Libro para colorear

Todas las criaturas de nuestro Dios y Rey libro para colorear
© 2016 por Editorial Vida
Nashville, Tennessee, Estados Unidos de América

Originally published in English under the title:
All Creatures of Our God and King Coloring Book
Copyright © 2016 by Zondervan

Todos los derechos reservados. Esta publicación no podrá ser reproducida, grabada o transmitida de manera completa o parcial, en ningún formato o a través de ninguna forma electrónica, fotocopia u otro medio, excepto como citas breves, sin el consentimiento previo del publicador.

Editora en Jefe: *Graciela Lelli*
Adaptación del diseño al español: *Grupo Nivel Uno*

ISBN: 978-0-829-76786-5

Impreso en Estados Unidos de América
Printed in the United States

16 17 18 19 20 ◆ 6 5 4 3 2 1

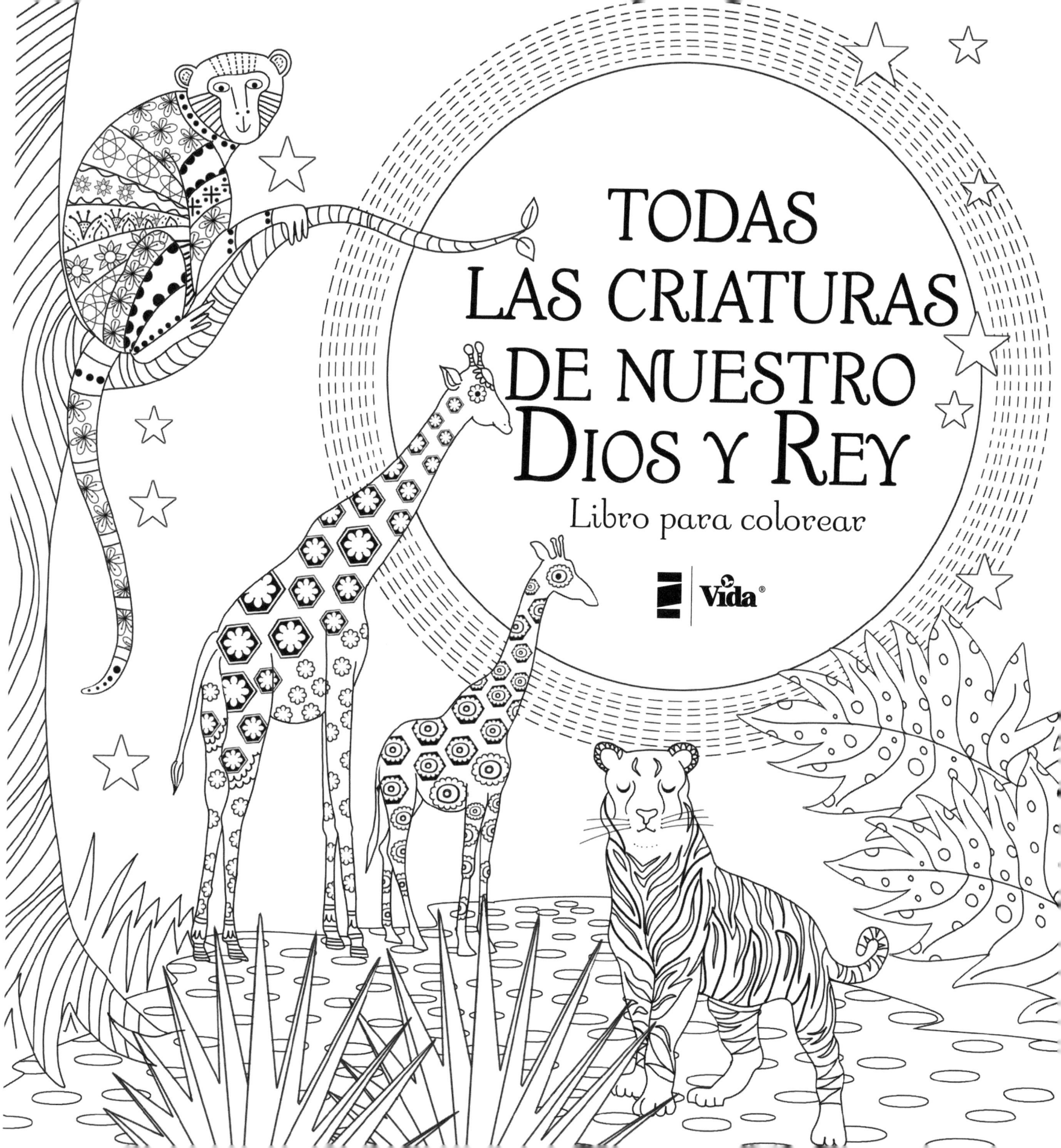

TODAS LAS CRIATURAS DE NUESTRO DIOS Y REY

Libro para colorear

Vida®

Todas las
CRIATURAS
de nuestro
DIOS y REY

Alcen
su voz

Y CON
NOSOTROS
canten,
¡Aleluya!
¡aleluya!

Tú,
ardiente
sol

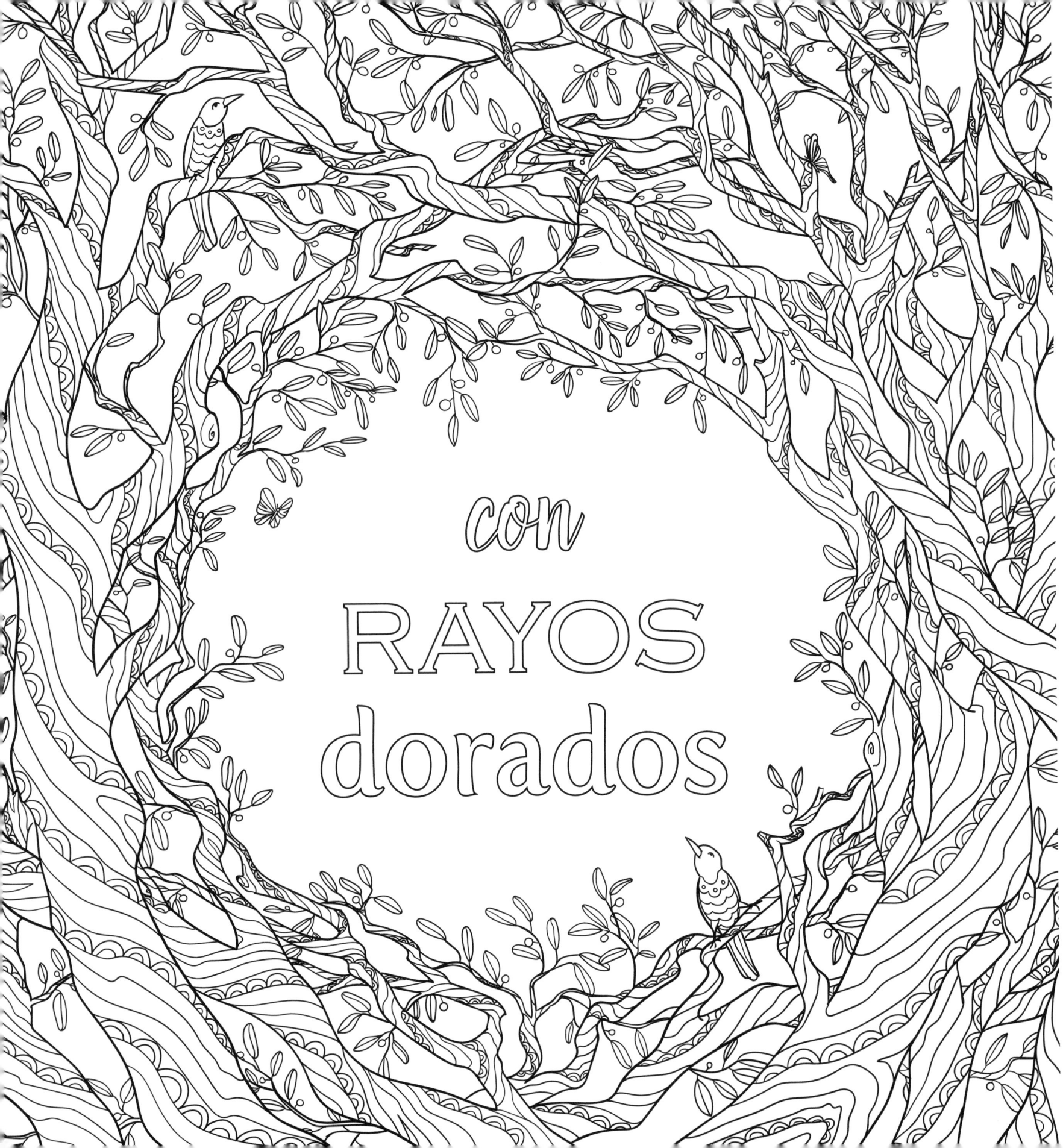
con
RAYOS
dorados

Tú,
luna
plateada

¡CON
FULGORES
PLÁCIDOS!

¡Oh
ALÁBENLO!
¡Oh
ALÁBENLO!

¡Aleluya!
¡Aleluya!
¡Aleluya!

TÚ,
viento
recio

que
eres
tan
fuerte

Ustedes, NUBES que navegan

POR LOS
cielos

¡Oh
ALÁBENLO!
¡Aleluya!

Tú,
LUNA
creciente

en
ALABANZA
regocíjate

Y ustedes,
LUMBRERAS
de la
noche

¡encuentren su
VOZ!

¡OH ALÁBENLO!
¡OH ALÁBENLO!

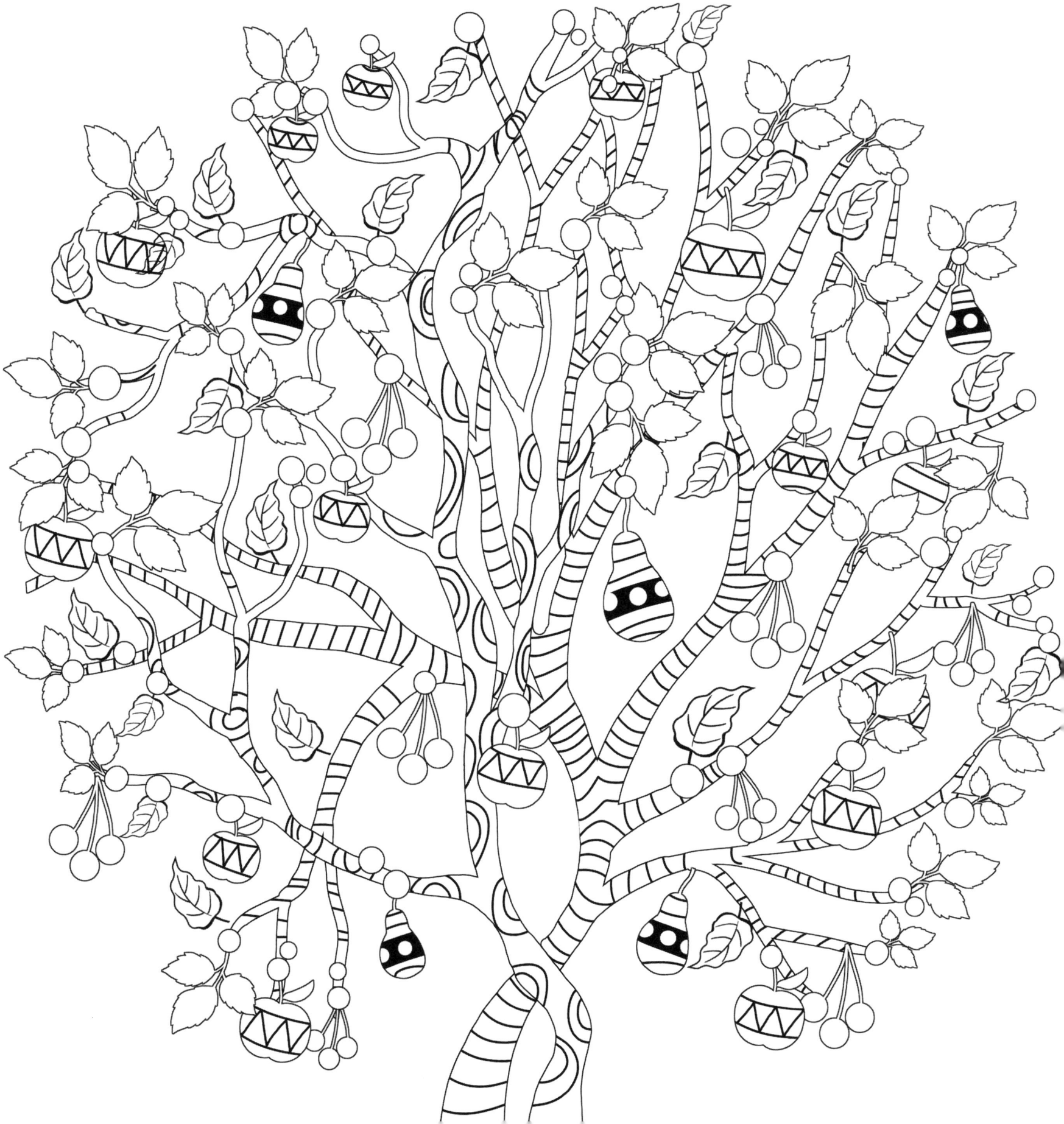

¡Aleluya!
¡Aleluya!
¡Aleluya!

Tú,
agua
que fluyes

pura
y
clara

Resuena tu
música

para
que tu
SEÑOR
la
OIGA

¡Oh
ALÁBALO!
¡ALELUYA!

Tú, FUEGO

tan
MAGISTRAL
y
RADIANTE

PROVEES
a los hombres

la LUZ
y el
calor

¡Oh
ALÁBALO!
¡Oh
ALÁBALO!

¡Aleluya!
¡ALELUYA!
¡ALELUYA!

Amada *madre* tierra,
quien día *tras* día

Despliega
BENDICIONES
en nuestro
ANDAR

¡Oh alábalo! ¡ALELUYA!

Las
flores
y las frutas
que crecen
en ti

Déjenlas
CONTAR
su
GLORIA
también

¡Oh
ALÁBENLO!
¡Oh
ALÁBENLO!

¡Aleluya! ¡Aleluya! ¡Aleluya!

Todas las
cosas
bendigan
a su CREADOR

Y
alábenlo
en
humildad

¡Oh alábenlo! ¡ALELUYA!

¡ALABEN, alaben *al* PADRE, alaben *al* HIJO!

¡ALABEN
al Espíritu,
Tres en Uno!

¡Oh ALÁBENLO! ¡Oh ALÁBENLO!

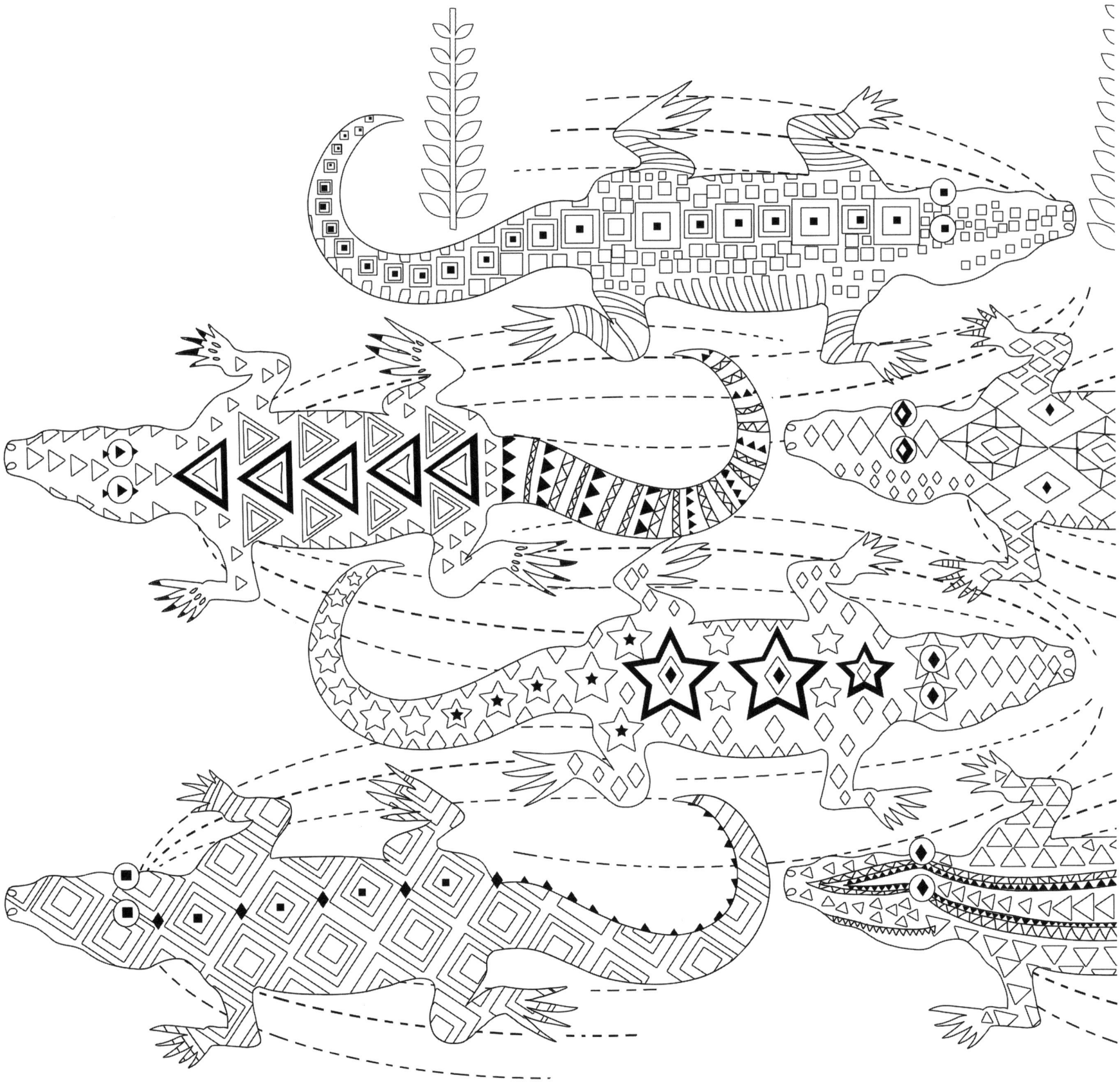

¡Aleluya!
¡Aleluya!
¡Aleluya!